LE NOM DE BELGIQUE

ESSAI DE PHILOLOGIE NATIONALE

PAR

Albert COUNSON

Extrait de la *Revue Générale*. Juillet 1910.

BRUXELLES
J. GOEMAERE, IMP. DU ROI, ÉDITEUR
21, *rue de la Limite*.

1910

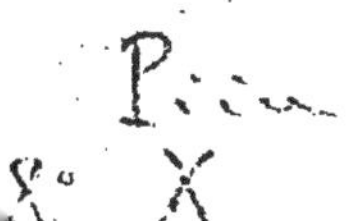

Cordial hommage
A. Counson

LE NOM DE BELGIQUE

ESSAI DE PHILOLOGIE NATIONALE

PAR

Albert COUNSON

Extrait de la *Revue Générale*. Juillet 1910.

BRUXELLES
J. GOEMAERE, IMP. DU ROI, ÉDITEUR
21, *rue de la Limite*.

1910

LE NOM DE BELGIQUE.

ESSAI DE PHILOLOGIE NATIONALE

I

INTRODUCTION.

En ce temps de fêtes commémoratives, où notre patriotisme octogénaire bat le rappel des souvenirs, l'historiographie remarque naturellement le premier signe visible d'une conscience collective, familiale ou nationale : le nom propre que portent la douzaine ou les millions de membres de la communauté. La Commission royale d'histoire célébrant l'an dernier son soixante-quinzième anniversaire en présence de Léopold II, M. Godefroid Kurth terminait son savant et éloquent discours sur *Notre nom national* par cette observation : « Si les particuliers attachent de l'importance à leur nom de famille et veillent avec un soin jaloux à en faire respecter l'orthographe, n'avons-nous pas le droit, Belges, de témoigner la même sollicitude pour le nom de notre famille nationale, ce nom qui est entré dans l'histoire sous les auspices de Jules César, et que, sous ceux de Léopold II, nous avons porté au cœur du continent africain comme un mot d'ordre civilisateur? ».

L'étude d'un nom national, l'histoire de sa forme, de son sens, de son aire d'extension, soulève des questions de phonétique, de sémantique et de toponymie. Il en est parmi celles-là qui frappent les esprits les moins avertis et les plus éloignés du pédantisme. En ce point, on peut appliquer fort opportunément la pensée du vieux Et. Pasquier : de savoir comme par une traite de temps l'usage des paroles s'est changé, c'est comme si l'on devisait de l'ancienneté d'une République : « ce changement nous donne le plus du temps un taisible advertissement des affaires, qui se sont passées entre nos prédécesseurs ». Quels avertissements va nous donner le nom de Belgique ? Il sera le témoin des souvenirs antiques et de la gloire persistante de nos aïeux. Et s'il y a une âme nationale, il faut bien qu'elle ait su son nom — comme les petits enfants — avant de se risquer sur les grandes routes.

*
* *

D'abord il apparaît clairement que *Belgique* est 1° un adjectif devenu nom propre, et que 2° c'est un mot savant.

1° Si inconsistante que soit la distinction faite par les vieilles grammaires entre le substantif et l'adjectif, on la respecte encore, et l'on remarque que certains mots ont passé d'une fonction à l'autre : nous disons *général* tout court pour désigner celui que l'*Histoire de Charles XII* appelle encore *officier général*. Cette promotion en dignité grammaticale ressemble à celle d'un prénom qui deviendrait nom de famille : M. *François*, M. *Hubert*. C'est le cas de *Belgique*, adjectif spécifique de la province *Gaule Belgique*. L'Ancien Régime parle de coutumes belgiques, d'histoire belgique, de liberté belgique, de songe belgique. La trompeuse aurore de la littérature belgique, c'est pour Des Roches (1787), l'éclosion d'œuvres latines en notre pays au XVIe et au XVIIe siècle.

2° Le vocabulaire français comporte des mots savants tirés des livres, et des mots populaires, c'est-à-dire couramment employés depuis que le latin vulgaire s'est répandu en Gaule. Ces mots populaires ont participé aux modifications phonétiques qui différencient le parler d'un légionnaire de Julien et celui d'un bourgeois parisien d'aujourd'hui. Le français n'est autre chose que le latin tel qu'il se parle en 1910 dans la vallée de la Seine : pour que *Sequana* devînt *Seine*, que *lingua* devînt *langue*, que *vindemia* devînt *vendange*, il a fallu les contractions et les simplifications que subissent les paroles en passant trente fois des lèvres maternelles à celles des enfants. Au contraire, les mots savants transcrits des livres sont entrés tardivement et de toutes pièces dans le lexique : ils y ont parfois rejoint leurs doublets, les mots déjà modifiés par plusieurs générations parlantes. *Redemptionem* était devenu *rançon* quand on tira du latin ecclésiastique le mot savant *Rédemption*; *porticum, viaticum, fragilem* étaient devenus *porche, voyage, frêle*, quand les latiniseurs introduisirent *portique, viatique, fragile*. Le fruit de Perse, *persicum*, s'appelle depuis longtemps *pêche*; l'adjectif *persique* fut appliqué, en des temps plus récents, à un golfe par des géographes habitués aux atlas latins.

Terminé comme *viatique* et *persique*, conservant le groupe rare *lg* entre *e* et *i*, le mot *belgique* décèle immédiatement une formation savante. C'est effectivement un latinisme de la Renaissance, comme le mot *patrie*; et si nous le portons officiellement aujourd'hui, c'est, à coup sûr, parce que nous avons été une nation de philologues.

*
* *

Quelles circonstances ont donc fait passer, en latin puis en français, l'adjectif gentilé au rang de nom propre? Quelles études ont entretenu le souvenir de la géographie romaine? Enfin comment

Sur un pays nouveau mit-on ce nom antique?

L'adjectif *belgicus* ne laissait pas de s'appliquer à des objets divers chez les auteurs latins. On connaissait alors une couleur *belgique* des cheveux: les poètes eux-mêmes parlaient de certain char, *covinnus* ou *essedum*, comme d'une particularité *belgique*. Si donc le pays conquis et décrit par César avait fait passer le nom de ses produits dans le vocabulaire — comme Cérasonte, le Phase, la Perse, la Sardaigne, Majorque, Cordoue ou Tulle (*cerise, faisan, pêche, sardine* et *sardonique, majolique, cordouan* et *cordonnier*), il se peut que l'objet dit belgique eût été ce véhicule connu à Rome et dans les provinces: notre pays semblait destiné au transit dès l'antiquité. Et le mot évoluant dans la population de Reims (capitale de la Belgique seconde) ressemblerait probablement aujourd'hui à *Beauge*.

Belgique resta un adjectif géographique.

*
* *

Au mois de juin 1777, le bénédictin Dom Bevy découvrait à quatre milles de Bavai, sur la droite de la voie militaire, près du village de Quarte sur Sambre, une inscription latine gravée sur une pierre de trois pieds; et il en présentait l'interprétation suivante à la jeune Académie Impériale et Royale de Bruxelles :

L'Empereur Caius César Auguste fils du divin Jule, Consul pour la XIe fois, revêtu de la puissante tribunienne pour la Xe fois, Père de la Patrie, a fait construire les chemins et élever les pierres millières par Marcus Vipsanius Agrippa, Préfet de ses flottes, Proconsul de la Nervicanne et Gouverneur de la Belgique. C'est par ses soins, que cette pierre a été posée à Quarte, devant le temple des Nimphes...

Ce document, que les historiographes dataïent de l'année 741 de Rome, 12 ans avant l'ère chrétienne, est comme un symbole de la Renaissance belge : l'érudition cléricale ayant pour héritières l'éloquence laïque et la politique révolutionnaire; ces abréviations lapidaires PRÆS. PROV. GA. B. (*Praesidem Provinciœ Galliœ Belgicœ*) désignaient des notions faciles à exhumer, et plus capables de revivre que les légendaires grains de blé des hypogées. Quelques années après le mémoire de Dom Bevy, arrivaient dans la même ville de Bruxelles les députés des *États Belgiques Unis* (1790), qui proclamèrent (22 novembre) le troisième fils de Léopold « Grand Duc des Provinces Belgiques »; et le docte épigraphiste ne mourut qu'en 1830, l'année où notre vieux pays gallo-romain s'appela définitivement la *Belgique* tout court.

Entre Auguste Père de la Patrie et Guillaume de Nassau, décoré du même titre dans le mausolée de Delft; entre Agrippa, préside de la Province Gaule Belgique, et les princes autrichiens des Belges, ou le *Washington belgique* (Vandermeersch), des circonstances et des efforts séculaires avaient multiplié les chaînons des souvenirs antiques.

Dans l'infinie complexité de notre passé national, on peut distinguer quatre éléments particulièrement conservateurs de notre nom : 1° l'organisation de l'Eglise romaine; 2° Guillaume le Taciturne et les troubles du XVIe siècle; 3° l'humanisme universitaire; 4° l'érudition monastique de l'Ancien Régime et l'enseignement des Jésuites.

*
* *

Mais, tout d'abord, il est évident que le vocable latin n'aurait pas triomphé des concurrences multiples, sans le fait essentiel que notre pays n'eut pas de langue nationale, de « langue d'Etat ». Aujourd'hui encore en Suisse — qui a failli s'appeler Helvétique autrement qu'en poésie —, le palais fédéral de Berne porte une inscription nationale en latin; la Hongrie, dans sa confusion de Babel, a gardé très tard le latin comme langue officielle. Dans des circonstances moins disparates, notre pays bilingue devait recourir utilement à la langue ancienne, ecclésiastique, savante, scolaire. Si nous avions eu comme langue nationale le français, notre pays s'appellerait *Flandre ;* il a porté le nom de *Bourgogne* et a donné parfois celui de *langue bourguignonne* au français; si nous avions eu pour langue unique le flamand (*lingua belgica* dans les auteurs latins modernes), nous serions peut-être en *Néerlande.* Ces appellations, et d'autres plus particularistes, n'ont éclipsé que provisoirement la terminologie romaine.

I.

CHAPITRE Ier.

L'esprit le plus conservateur en philologie, c'est l'esprit de l'Église. La liturgie conserve encore le latin d'autrefois; et sa langue a fait successivement entrer dans l'idiome vulgaire divers mots savants. A plusieurs égards, l'Eglise catholique reprenait la succession de Rome. Elle avait établi ses communautés de fidèles dans les cadres de l'Empire. Reims, capitale de la Belgique seconde, devient un centre ecclésiastique important. A la Noël de l'an 496, Clovis était installé dans l'ancien palais des gouverneurs de la Belgique seconde quand il se rendit à la cathédrale pour recevoir le baptême. Au premier rang parmi les grands du royaume, les archevêques de Reims, légats du Saint-Siège, devinrent primats de Gaule Belgique; et leur titre latin perpétuait une expression géographique du siècle d'Auguste.

Dans les lettres et dans l'art, la métropole religieuse est favorable aux premières Renaissances. Dès la fin du Xe siècle, le célèbre et savant Gerbert, que Hugues Capet avait fait précepteur de son fils et archevêque de Reims, Gerbert, qui allait devenir le pape Sylvestre II, achetait des livres antiques en Germanie et en *Belgique ;* et quand il engage Richer de Reims à écrire l'histoire de son temps, nous voyons apparaître le nom de *Belgica* dans Richer comme dans la correspondance du pape érudit. La terminologie du prêtre rémois prolonge celle de César, d'Auguste, de Paul Orose et d'Isidore de Séville. Ses « livres d'histoires » parlent du prince Hugues appelant des Belges ; d'Othon dévastant la Belgique ; des Belges et des Germains proclamant roi Othon, fils du défunt roi des Germains ; des Belges envahissant Verdun... Princes de Belgique ; Belgique disputée entre Othon et Lothaire, Belgique source de longues discordes : les phrases latines de Richer font songer à tous les conflits qui se répètent des Serments de Strasbourg à Waterloo, et qui pendant mille ans se démêlent assez souvent chez nous pour donner à notre pays le baptême du sang.

Au XVIe siècle, les archevêques de Malines (1559) deviennent aussi primats ; mais le titre officiel de notre premier prélat est *primas Belgii :* on n'emploie plus ici le nom de la province romaine, mais celui d'un territoire qui figure dans César et qui correspond en grande partie au Bauvoisis : *Belgium*, terme appliqué par nos latinistes à notre pays. C'est ce terme qu'ont gardé les Anglais, conservateurs depuis le temps des humanistes d'Oxford et de Douai.

L'Eglise, cependant, ne se bornait pas à maintenir l'usage du latin. Elle produisait des ordres monastiques pour répondre aux divers besoins des temps, et ses moines entretenaient chez nous la mémoire des lettres antiques. Quand Badius Ascensius écrit de Lyon à Louis Pot, évêque de Tournai (1496), il lui parle — en latin, naturellement — de ses Belges ; et surtout, aux recteurs et professeurs du collège des Hiéronymites de Gand (1500), il déclare :

« Avec les années, la jeunesse belgique arrive en foule vers vous comme vers l'emporium commun et le plus riche des lettres. » L'évêque de Tournai, qui déploie dans la Gaule Belgique la munificence du Mécénat, les moines de Gand qui expliquent à la jeunesse les anciens auteurs, l'Eglise, enfin, à ses divers degrés, sert efficacement la Renaissance. Le nom de *Belgique* est l'un des nombreux phénomènes de cette Renaissance; car non seulement

> On voit renaître Hector, Andromaque, Ilion,

mais on recommence à employer la langue cicéronienne, les idées, les institutions et la géographie des Romains, avec les noms qu'ils leur avaient donnés.

Dans la vallée mosane, l'Eglise avait été l'héritière de Rome et des rois francs non seulement au spirituel, mais aussi au temporel. La principauté ecclésiastique de Liége, née des reliques de saint Lambert (1), et reconstituée après le désastre de 1468, va servir le nom de *Belge* par l'enseignement, par la poésie cléricale et par le culte des saints.

Les écoles renommées de Liége attiraient une foule d'auditeurs fort attentifs à l'explication des auteurs latins. Et si Pétrarque s'est plaint d'y trouver trop peu d'encre, il y cherchait au moins des manuscrits anciens quand il faisait sa tournée philologique « en Belgique ». En 1577 encore, le Brugeois Vulcanius dédie au prince-évêque Gérard de Groesbeck son édition de Bâle de Martianus Capella (*Des sept arts libéraux*) et d'Isidore de Séville; et il a eu en mains, dit-il, les exemplaires d'Isidore, imprimés ou manuscrits, qu'il a recherchés pendant longtemps en Espagne et « en Belgique ».

Les clercs innombrables de Liége, qui parlent latin entre eux, s'adonnent parfois aussi à la poésie française, et ils évoquent complaisamment l'antiquité et la gloire belgo-romaine. Jean Polit, historiographe d'Ernest de Bavière, après avoir chanté dans sa jeunesse Gérard de Groesbeck, Jean Polit, dans sa *Prognosie de l'Estat de Liége* (1598), rappelle à ses compatriotes leur illustre origine : ne sont-ils pas issus des Tongrois et Eburons « qui, libres sous leurs lois,

> Des *Belges* renommez conquirent le domaine
> Avant que l'on parlast de la vertu romaine

bien proches d'affranchir contre la destinée — du grand Jules vainqueur la Gaule infortunée ». — Reproche-t-on au clergé de

(1) G. Kurth, *La Cité de Liége au moyen âge*, t. I, Bruxelles, Dewit, 1910.

Liége le désastre de 1468? Mais Charles le Téméraire est venu avec des troupes rassemblées dans tous ses pays; et pour désigner ceux-ci, Jean Polit emploie le terme de *Belgie*. Le mot latin *Belgia*, qui apparaît dès le haut moyen âge chez l'anonyme de Ravenne, est employé par analogie des formes *Germania*, *Francia*, *Scotia*, *Italia*, *Batavia*. Il survit peut-être en partie dans le flamand *Belgie*. Il fournit une rime féminine à plusieurs prêtres liégeois du XVIe siècle : Charles, duc bourguignon, et Louis XI,

> Secondez du pouvoir de toute la Belgie
> Et des forces de France, ensemble de furie
> Coururent, l'un de peur, l'autre d'ire incité,
> Assaillir des Liégeois la superbe cité.

Un ami de ce poète Jean Polit, Remacle Mohy de Rondchamp en Ardenne, célébrait saint Hubert en prose et en vers. Saint Hubert d'Aquitaine était considéré comme le fondateur de Liége; les pèlerins allaient en foule l'invoquer dans la ville qui garde son nom. De même que les saints de l'époque mérovingienne apportaient dans notre barbarie la culture latine d'Aquitaine, leur culte contribue à conserver chez les modernes les souvenirs romains; et l'hagiographie sera sous l'Ancien Régime l'âme de l'érudition belgique, qui ressuscite notre nom national. Remacle Mohy compose une ode pèlerine que l'on chantera en allant à Saint-Hubert, et il dit au saint venu d'Aquitaine : « Vos saints propos... tirés du ciel »

> Nous ont remply de vie;
> Vos dicts et faicts, pleins de vie et d'amour,
> Ont affranchy la foy par tout l'entour
> *De la grande Belgie.*

Le même Remacle Mohy, dans son *Cabinet historial* dédié à la Grande République chrétienne, parlait d'un événement liégeois, le plus remarquable qu'on eût vu dans « tous les cantons de la Belgie » : le rapprochement de nos diverses provinces ravivait tout naturellement la cohésion antique et sa dénomination romaine.

L'Ordre des Frères Ermites de Saint-Augustin a depuis 1300

une « Province Belgique » ou Colonaise ou de Germanie Inférieure, si l'on en croit la description faite au début du XVIIIe siècle à Louvain par Nicolas de Tombeur, membre de cet Ordre.

L'Eglise étant surtout défendue, à la Renaissance, par l'Ordre nouveau des Jésuites, ceux-ci vont avoir des « provinces » pour lesquelles ils reprendront aussi le vocabulaire géographique des anciens.

* * *

En dehors du latin ecclésiastique et scolaire, les termes de Belges et de Belgique n'apparaissaient point dans les nomenclatures de peuples que présente parfois l'épopée du moyen âge.

Les langues vulgaires reflètent en ce domaine le désordre régionaliste des territoires déchiquetés. En dessous des vastes notions de chrétienté et de païenie, de douce France, Espagne et Italie, se classent les comtés, marches et baronnies. Même la France n'est que *prima inter pares* : et quand le clerc Bertran de Bar-sur-Aube, vers 1220, nous montre Charlemagne devant Narbonne, renvoyant rudement ses vassaux, les vers d'*Aymeri de Narbonne*, qui énumèrent les peuples de l'antique Belgique, distinguent les Hennuyers, les Flamands et les Avalois :

Seignor baron, vos qui m'avez servi,
Ralez vos en, de verté vos le di,
En vos pais ou vos fustes norri...
Ralez vos en, Borguignon et François,
Et Hennuier, Flamand et Avalois,
Et Angevin, Poitevin et Mansois,
Et Loherain, Breton et Herupois.

Pour que les Avalois (gens des pays d'aval, des Pays-Bas), avec les Hennuyers et les Flamands, redeviennent en français les Belges, il faudra beaucoup de lectures latines et de traductions des œuvres antiques. Lucain, souvent expliqué dans nos écoles du moyen âge, nommait les Belges. La légende, la vie et finalement les écrits de César jouissent d'une grande notoriété chez nous dès le moyen âge. Les souvenirs antiques, qui donnent tant de sujets aux tapisseries d'Arras, vont surtout fleurir au XVe siècle, au temps des ducs de Bourgogne, de la Toison d'Or, du néo-césarisme, de Charles le Téméraire mégalomane.

Le *Chronicon Belgicum* est de la fin du XVe siècle. Juste-Lipse appellera Philippe le Bon *conditor Belgii.* D'autres latinistes appellent, au XVIIe siècle, Charles le Téméraire et Marie de Bourgogne *principes Belgii.* Des historiens ont prêté au Téméraire l'idée de reconstituer la Gaule Belgique. Quand l'État moderne se constitue, il est pénétré de la grandeur des souvenirs antiques : et Richelieu rêvera d'identifier de plus en plus la France avec l'ancienne Gaule.

A chaque centralisation de nos provinces correspond le besoin d'un nom collectif, et augmentent les chances de résurrection du terme latin : les ducs de Bourgogne au XVe siècle, les Orange-Nassau dans les suivants, les patriotes du XVIIIe siècle, sont à la fois fauteurs d'agitations et de souvenirs. Encore fallait-il, pour eux et pour le public, faire passer le mot latin dans la langue vulgaire.

Le 29 juillet 1517, le cardinal Louis d'Aragon (qui se rendait d'Italie en Flandre auprès du roi catholique Charles) et son secrétaire, Antonio De Beatis, visitaient la grande, forte et belle ville de Malines : dans le palais bien ordonné de Mme Marguerite, qui tenait là sa Cour, ils remarquèrent une bibliothèque riche et abondamment fournie pour des femmes. Nourris aux lettres latines, ils furent frappés de voir que ces livres aux reliures de velours, aux fermoirs d'argent doré, étaient écrits en français. C'est qu'à Malines comme au pays de la *Vita Nuova*, les auteurs écrivaient en langue vulgaire pour être compris des femmes qui ne savent pas le latin. Malgré le dédain des Italiens pour la barbarie de la langue française, malgré la concurrence des idiomes romans et thiois dans nos provinces, le parler de l'Ile de France se trouvait le plus élégant et le plus répandu dans les cours de nos princes et particulièrement de nos princesses : et Jean Lemaire de Belges avait voulu « esclaircir en langage françois la très-venerable antiquité du sang de susdits Princes de Gaule tant *Belgique* comme Celtique ». Il s'était souvenu que « Cesar mespart la Cisalpine en trois parties : Cestasavoir *Belgique*, Aquitanique et Celtique ».

Et il savait par Jacques de Guyse, « homme de merveilleuse literature », comment « Bavo, cousin de Priam, vint habiter en nostre Gaule Belgique », et comment « de Bavo ont prins origine les peuples de la Gaule Belgique, cestasavoir les Walons, Hennuyers, Namurois, Ardenois, Champenois et nations circonvoisines ».

Le *Belgijen Indiciaire* Lemaire continuait le métier et les ambitions littéraires des historiographes officiels, les indiciaires des ducs de Bourgogne : la dynastie de nos pays réunis était soucieuse de sa gloire et de ses ancêtres. Jean Lemaire lui en fournit de très vénérable antiquité. Et qu'on ne s'étonne pas de la naïve assurance avec laquelle le romancier historique de 1513 amplifie les fables troyennes et belges de Jacques de Guise. Marot trouve à Lemaire belgeois l'esprit d'Homère le Grégeois; et le grand Ronsard n'inventera pas de meilleures imaginations pour la *Franciade*, dont il voudra doter sa nation. Au moins les œuvres antiques relues font entrer le mot *Belgique* dans la littérature française dans le même siècle que cet autre mot livresque : *Patrie*.

III.

Chapitre II.

Nos princes et princesses du XVIe siècle ne laissaient pas, comme on voit, d'exercer la docte imagination des rimeurs; et depuis Marguerite d'Autriche jusqu'à Marie de Hongrie, les dithyrambes loyalistes se remplissaient de latinismes comme ceux de Chastellain et Molinet, jadis, pour la réfulgente et illustre maison de Bourgogne. Charles-Quint est né dans la *Belgique* Gand (Rob. De Keyzer). Gilles Boilleau de Buillon, Liégeois, qui avait servi dans les armées de Charles-Quint, sera qualifié de *Belge* dans le titre d'un de ses ouvrages; et après avoir dédié des œuvres à Marie de Hongrie, sœur de César, il rime comme suit :

> Troys Gaulles voy, l'Aquitaine, Celtique,
> Et celle qui vault en force, en honneur
> Les autres deux, nommée *la Belgique*...

Mais l'emploi du vocable latin devient bien plus abondant à partir de nos troubles du XVIe siècle : les révolutions, depuis la

Renaissance, empruntent volontiers le langage de la « liberté » romaine ; on le vit bien dans celle dont Guillaume d'Orange devint le Brutus.

Les Provinces Unies, dans leurs documents officiels en latin, dans les privilèges des livres, dans les ouvrages juridiques, reprenaient pour elles le nom de *Belgium*. Le titre de prince des Belges ne continua pas moins à être porté par l'archiduc Albert, par Philippe IV (inscription funéraire de son fils Charles Balthazar au Steen d'Anvers), par leurs successeurs. Le titre de Belge et Belgique était alors porté en double, comme celui de roi de France l'était à la fois par les dynastes de Paris et ceux de Londres. — Nul n'ignore, disait le jeune Hugo Grotius, que les deux parties de la Belgique sont tournées l'une contre l'autre : l'une qui obéit malgré elle au roi, l'autre qui n'obéit qu'à elle-même.

Le nom de Belge fut même porté au delà des mers par les colonisateurs néerlandais des Indes et des Guyanes : « Dans le tems même — écrivait en 1822 un historien-géographe des Pays-Bas — où toutes les forces de la monarchie espagnole menaçaient d'une ruine prématurée la république naissante des provinces unies, le pavillon belge flottait dans la mer des Indes. » C'est, il est vrai, l'antique souvenir de la Batavie romaine qui baptisera la capitale des nouveaux états : « *Batavia* retrace Amsterdam. » Mais l'île de Nera (Molluques) contient un « fort de Belgeit ou *Belgique* » catalogué sous le nom de *Belgica* dans un dictionnaire géographique de 1730 : notre nom, vers les Indes ou vers les Guyanes, a traversé en fugitif la région des tropiques — comme autrefois il avait traversé le monde antique dans les invasions gauloises qui conduisaient en Macédoine ou en Galatie des chefs à noms belges.

Du côté de l'Amérique du Sud, aujourd'hui, *Belgica* est le nom donné à un canal antarctique depuis l'expédition de M. de Gerlache ; il fut un temps où le même radical s'appliquait à des régions habitées. Quand Jean-Maurice de Nassau, après avoir été gouverneur sur mer et sur terre, fait, à son retour en *Belgique*, dresser la carte des possessions néerlandaises, la carte porte le titre latin de « Brésil dépendant des *Belges* ». Dans le Nord, les colons néerlandais sont parfois aussi nombreux que ceux de langue anglaise; et au XVIIe siècle, la localité qui devait devenir New-York s'est appelée *Novum Belgium*.

En 1721, Roggeween donnera encore le nom caduc de *Belgia Australis* au territoire de Falkland, situé dans l'autre hémisphère à la même latitude que les Pays-Bas.

Mais, plus et mieux que les provignements lointains et aléatoires, les Nassau s'appliquent à faire fleurir dans leur famille et dans l'opinion notre nom national. Le mot *belgique* est devenu nom de famille il y a quelques années, le parlement belge ayant autorisé et sanctionné le titre de « prince de Belgique ». Dès le XVIe siècle, l'adjectif gentilé *belgique* avait été employé comme prénom. On connaît le phénomène par lequel l'habitant de Magdala, celui de France, celui de Naples, sont restés dans les calendriers : *Madeleine, François, Napoléon*. *Belgica* faillit avoir la fortune de Marie Magdeleine, de Franciscus, de Neapolitanus. Une fille de Guillaume le Taciturne fut appelée *Catherine Belgica;* et dans le mausolée de Delft, où sa dépouille fut déposée en 1648, elle a été rejointe en 1762 par Georg Willem *Belgicus*, prince de Nassau Weilburg. Malheureusement aucun « Belgique de Nassau » ne s'est conduit de manière à être canonisé : et voilà pourquoi nos actes de baptême sont aujourd'hui muets à l'endroit de ce prénom.

La littérature libertaire était plus éloquente. Quand le duc d'Alençon vient pour régner chez nous, la Keure de Gand, en 1582, et d'autres voix dans les entrées triomphales, le proclament « deffenseur de la liberté *belgicque* ». Mais de cette liberté le Brutus le plus célébré, depuis Heinsius jusqu'à Schiller, c'est Guillaume d'Orange, dont la mémoire a la double auréole de fondateur et de martyr.

Le mausolée de Delft, construit au commencement du XVIIe siècle, devient une espèce de Saint-Denis de la dynastie belgique : et l'inscription latine gravée en lettres d'or, sur l'ordre des Etats Généraux, proclame que Guillaume de Nassau, prince d'Orange, père de la Patrie, a placé le sort du *Belgium* au-dessus de ses intérêts, a restauré la vraie religion et les lois antiques de la patrie, a légué la liberté à son fils Maurice pour la consolider...

Un acte du Taciturne plus efficace encore que le baptême de sa fille, fut la fondation de l'Université de Leiden. C'est là que va bientôt fleurir, avec Scaliger, Daniel Heinsius, Gantois, auteur du drame *Auriacus, sive Libertas saucia* (Orange, ou La liberté blessée). Ce drame, consacré au martyre du Taciturne, parut à Leiden en 1602, flanqué de poésies diverses : dans l'une, Marnix était le flambeau des Belges; dans une autre, Scriverius déplore le malheur de la Belgique (*Belgia*), qui serait heureuse si Orange avait vécu. Il y a même dans ce recueil latin des stances françaises de D. de Licques « à Monsieur De Heins sur sa tragédie » :

> Heureuse mille fois ô *Belgique Province*,
> De voir par un Achille un si grand tort vengé,
> Et pour éterniser la valeur de ce Prince
> Le voir d'un autre Homère encore louangé.

Ainsi, dans ce siècle où les meilleurs auteurs néerlandais renonçaient à leur idiome natal pour reprendre le latin, leurs formules romaines passaient déjà dans la langue française. Hugo Grotius, ancien historiographe des États, se servait, comme de Thou en France, de la langue de Tacite; et son récit des troubles belges étant bientôt traduit en français, on pouvait lire dans l'« édition nouvelle » (française) de Paris, 1672 (privilèges d'imprimer de 1653, 1656, 1657) : « Livre Premier. Sommaire. *Situation et gouvernement de la Belgique, ou des Pays-Bas.* Première cause de la guerre Belgique... Haine irréconciliable de Philippe contre les Belges... » Le même texte français exposait les « conformité et différence des mœurs entre les Espagnols et les Belges », et c'est peut-être dans ces remarques judicieuses qu'il faut voir la première esquisse de l'âme belge en langue française. On y voit aussi « la ville de Bruxelles capitale de toutes les Provinces Belgiques ».

Comme les troubles du XVIe siècle suscitent une multitude d'auteurs latins, de Leiden à Rome, de Grotius à Strada, le nom belge frappe les yeux de tous ceux qui lisent. Il pénètre dans les langues vulgaires, dans la prose néerlandaise de Vaernewijck et d'autres, et chez les historiographes de Paris : le poète français qui chante Louis XIV après avoir imité Horace et Juvénal, parlera des ennemis fuyant dans les plaines belgiques.

IV.

Chapitre III.

Les sciences et les arts florissant dans notre patrie alors que l'Europe lettrée parlait latin, l'éclat de notre nom ancien bénéficie des grands travaux récents de nos compatriotes. Un opticien de Middelbourg ayant construit des lunettes d'approche, Galilée écrit (1610) que cet instrument a été découvert par un certain Belge. Nos peintres sont fameux alors : en tête du livre de Carl Van Mander, Henr. Hondius célèbre en distiques l'art illustré par les Belges, par les peintres qu'engendra la Belgique, mère des artistes (*Belgica mater artificum*). Le titre latin de Van Mander parle des Apelles qu'a produits la Belgique (*Belgium*). Les géographes abondent aussi au pays de Mercator et d'Ortelius; et la richesse, la prospérité des Pays-Bas frappe les étrangers et suscite les descriptions; or, la géographie d'alors parle latin et se souvient des termes romains. L'héraldique l'y aiderait au besoin, car elle aussi est conservatrice. Eitzing, venu d'Autriche chez nous, intitule son ouvrage *De Leone Belgico*. On y voit, et l'on retrouve en tête des Décades de la Guerre Belgique de Strada, une carte de nos provinces en forme de lion, la Frise étant dans la mâchoire supérieure du lion belgique, et Limbourg au poitrail. Le symbole, qui est dans les armes de chaque État, est assez connu pour inspirer une poésie allégorique à Grotius : le lion belgique associé aux trophées de la Liberté menace l'aigle d'Autriche. La rivalité du lion belgique et de l'aigle autrichienne occupera encore l'imagination révolutionnaire : en 1789, l'hôtel qui est actuellement celui du ministre des sciences et des arts portait à son portail une double aigle héraldique, qui fut enlevée par les patriotes et remplacée par le lion belgique jusqu'au retour des Autrichiens.

Guichardin déclare la Belgique remarquable notamment par

ses grandes inventions, dont... l'imprimerie, découverte à Mayence, car Mayence fait partie de la Belgique d'Auguste. En fait, le nom de Belgique doit une part de son succès aux remarquables presses d'Anvers et d'autres villes de notre pays, d'où se répandent de par le monde tant de livres latins.

A la fin du XVIe siècle, nos humanistes sont moins cosmopolites et moins indifférents à leur patrie que n'était Érasme, fort peu soucieux de démêler s'il était Germain ou Gaulois. Avec les archiducs Albert et Isabelle, le sens de Belgique se restreint et se précise à la fois, et Valère André, dans sa *Bibliotheca Belgica*, dit tout simplement : « la Belgique *ou* Germanie inférieure » ; et il emploie les formes de *Belgica* et *Belgium*.

Nos universités contribuent puissamment au maintien du latin. Aujourd'hui encore, c'est en latin que sont affichées les chambres à louer aux étudiants de Leiden. En 1817, des cours universitaires de Gand, de Liége et de Louvain se faisaient en latin.

Vers la fin du XVIe siècle, les deux principaux sanctuaires des Muses latines étaient Leiden et Louvain. Nous avons déjà rencontré les poètes latins de Leiden (Lyon des Bataves) : quand Grotius faisait des tragédies comme *Adamus exul*, ses admirateurs s'écriaient en hexamètres virgiliens que désormais la Belgique égalait la Grèce et Rome. « Louvain, célèbre Athènes de la florissante Belgique » (Scaliger), attirait des milliers d'étudiants par le nombre et le talent de ses professeurs ; et quand Juste Lipse y mourut (1606), il fut chanté à Leiden comme dans d'autres villes, en des vers latins qui montraient la Belgique en deuil.

C'est à Louvain, au Collège du Faucon, qu'Aubert Le Mire (*Miraeus*) vient étudier après avoir fait ses humanités à Douai ; et à la suite des conseils de Juste Lipse il se met à l'étude des antiquités belgiques. Aubert Le Mire est attaché aux Sérénissimes Princes des Belges, comme parlent les auteurs latins du temps. Il publie les « Éloges des auteurs illustres de Belgique » ; et, se vouant à l'histoire ecclésiastique belge, il rencontre à chaque instant le nom de la Belgique.

C'est donc une pensée ingénieuse qui a fait frapper le protrait de Miræus sur la médaille commémorative offerte l'an dernier aux membres de la Commission royale d'histoire.

Le rôle le plus marquant des universités, et notamment du Collège des trois langues et autres établissements de Louvain, était de faire de la langue latine l'organe de toutes disciplines. « Où donc est la langue belge [= *le flamand*]? » demandait le professeur Geulincx, dans un ouvrage publié en 1653 à Anvers, en 1665 à Leiden. « Elle est dans ce coin de terre; mais elle n'y est que servante, elle retentit dans les cuisines et les cabanes de la populace. A la Cour fréquente la langue française; à l'Académie (Université) la latine; dans les portiques des marchands la portugaise; dans les réunions mondaines se sont glissées l'italienne et l'espagnole ».

Dès lors, la littérature ou, si l'on veut, les choses de l'esprit, c'est simplement ce que les universitaires font en latin. Quand Valère André, professeur au Collège des trois langues, publie, en 1623, sa *Bibliotheca Belgica* à Louvain, chez Henr. Hastenius, imprimeur de la Ville et de l'Université, il veut y réunir tous ceux qui en Belgique ont cultivé les arts : théologiens, jurisconsultes, médecins, philosophes et génies illustres. Il entend qu'aucun Belge ne soit frustré de la louange qu'il mérite. Et le poème latin d'un parent et admirateur, en tête de l'œuvre, débute par cette objurgation : « Laisseras-tu donc périr, ô Belgique! tous tes nourrissons? » Le privilège était accordé à l'auteur au nom des sérénissimes Princes des Belges. La censure ecclésiastique, datée d'Anvers 1620, déclarait digne de la presse et de la postérité cette œuvre par laquelle la splendeur due à notre Belgique allait briller jusque chez les étrangers. Elle n'était pas pure rodomontade : car les deux arts par lesquels nos aïeux attiraient le plus l'attention du monde intellectuel étaient certainement la peinture et la philologie. La *Bibliotheca Belgica* commençait par déduire doctement le sens qu'elle donnait à *Belgium* et surtout à *Belgica*. Ce dernier terme était, depuis plus d'un demi-siècle, employé dans des passages innombrables. Valère André comprend sous le nom de *Belgica* ou *Germanie inférieure* les dix-sept provinces : les duchés de Brabant, Limbourg, Luxembourg et Gueldre; les comtés de Flandre, Artois,

Hainaut, Hollande, Zélande, Namur et Zutphen; le marquisat du Saint Empire (Anvers); les seigneuries de Frise, Malines Utrecht, Overyssel et Groningue.

L'emploi fréquent d'un collectif ethnique ne va pas sans quelque notion du caractère national. Grotius avait déjà remarqué — longtemps avant Rivarol — combien le Belge probe, brave, industrieux, est ménager de son bien. En tête de la *Bibliotheca* de Valère André, Geldolf Van Ryckel donnait les propriétés du Belge avec une exubérance pédantesque : « un Miltiade par le courage, un Cimon par la piété, un Périclès par le conseil, un Solon par la probité, un Lycurgue par la gravité ». ... Voilà le Belge — et vraiment ce psychologue avait trop lu. Plus judicieux, le Gantois Justus Rycquius écrivait de son Musée de Louvain à Valère André, en 1615 : « Notre Belgique, depuis peu d'années, a fait voir que toute distinction n'est pas circonscrite par les Alpes ou l'Hellespont ».

La Grèce et Rome restant les vénérables institutrices de l'humanité, la Belgique était arrivée à comprendre leurs leçons et même à les apprendre aux autres nations.

V.

Chapitre IV.

Le mouvement de réaction catholique qui suivit la Renaissance et la Réforme avait déterminé deux œuvres considérables : l'hagiographie critique et l'enseignement des Jésuites.

Les théologiens de Louvain, les jésuites et les imprimeurs de Douai sont fort occupés à étudier et à publier les vies des saints qui ont brillé en Belgique; les œuvres posthumes de J. Molanus, les *Tableaux sacrez de la Gaule Belgique* de G. Gazet (Arras, 1610), les travaux de Miraeus, multiplient dans leurs titres et dans leur texte l'ancien nom de la Gaule la plus septentrionale. Même notre pays produit, dans la Compagnie de Jésus, toute une société d'érudition ecclésiastique, les Bollandistes. Le Père Héribert Rosweyde, jésuite profès à Anvers, rédige (1607) un projet de « fastes des saints dont les vies sont conservées dans les bibliothèques belgiques ». Et le jésuite Jean Bolland, qui devait donner son nom à la société, commence en 1643 la collection des Actes des Saints, œuvre dont l'exécution devait durer des siècles. Les noms de *Belgium* et de *Gallia Belgica* étaient d'autant plus familiers à tous ces auteurs, que les Jésuites avaient adopté la Renaissance latine, la propageaient, et s'inspiraient, dans l'éducation de la jeunesse, du cosmopolitisme romain.

Miraeus les représente comme les hérauts de l'Évangile parmi les nations, et les compare aux cohortes romaines.

D'abord florissante en Espagne, la Compagnie y a des divisions géographiques reprises aux anciens — notamment la Bétique dont le nom reviendra dans *Télémaque*. En 1556, elle a une province de Gaule Belgique, qui se divise en 1612 en deux parties comprenant plus de six cents membres chacune : Flandro-Belgique et Gallo-Belgique. Dans cette dernière, l'établissement le plus considérable est l'académie de Douai. C'est là que, dans le commencement du XVIIe siècle, sont réfugiés beaucoup de catholiques anglais. Quatorze cents élèves de diverses contrées s'y pressent au seul cours de logique.

Or, le siècle des philosophes, qui suivra, ne fait que recueillir et continuer les « humanités » selon la conception des Jésuites. Ce qui est vrai au pays de Voltaire l'est aussi bien dans les Pays-Bas. Le frontispice qui ornera le premier volume des publications de l'Académie impériale et royale de Bruxelles (1772), avait été gravé d'abord pour les *Analecta Belgica* des ci-devant jésuites. Aujourd'hui encore, nos deux universités de l'État sont installées dans les anciens bâtiments des jésuites de Gand et de Liége.

Même la littérature la plus irrévérencieuse, jadis, se ressentait des latinistes et des souvenirs romains : Voltaire, qui à Bruxelles se plaignait du « pesant climat belgique », parlait dans ses vers à la Pompadour, de César, ce guerrier charmant, qui battait le Belge et l'Allemand. Et Voltaire restait le reconnaissant élève des jésuites.

Les jésuites, dès leur arrivée chez nous, sont fort bien vus du pouvoir — d'accointances espagnoles comme eux —, et ils le lui rendent. Dès 1595, à Anvers, « la jeunesse studieuse de la Société de Jésus en Belgique honore la cendre du Sérénissime Archiduc Ernest, gouverneur de la Belgique ».

Ce qui importe davantage, c'est que dès 1617 on publie à Liége, en latin, les « auteurs de la classe de poésie à lire dans les Collèges de la Société de Jésus de la province de *Belgique* ». Le même éditeur liégeois, G. Hovius, donne en 1626 et 1627 les auteurs grecs à lire dans les mêmes collèges de la province « Gallo-Belgique ». La même destination est mentionnée dans le titre d'ouvrages publiés à Luxembourg en 1699, et surtout à Douai de 1622 à 1761. Auteurs de la classe de rhétorique, auteurs grecs ou latins, « Rudimens des langues latine et grecque », « Introduction à la langue grecque », « Abrégé des particules », etc., tous ces manuels scolaires imprimés chez J. Fr. Willerval, à Douai, au XVIIIe siècle, portent dans leur titre, en latin ou en français, la province Gallo-*Belgique*. Aussi Merlin, de Douai, qui présidera la Convention; Dumouriez, né à Cambrai; les négociateurs des traités pendant la Révolution; orateurs, généraux et diplomates n'auront, pour parler de la Belgique comme ils le font, qu'à se souvenir du titre de leurs grammaires. La Révolution est faite par de grands écoliers qui ont appris le latin ; la Belgique aussi. Son nom a l'allure romaine des États qui surgissent alors, helvétique, cisalpin, italien, parthénopéen, batave : toute la géographie limitrophe est en train de « se débaptiser et défranciser », comme la France elle-même, « pour redevenir grecque et romaine par le cœur » — ou du moins par le titre.

Avant la crise humaniste de 1793, les élèves de Douai, d'Ath, d'Anvers et de Liége avaient placé dans le vocabulaire latin des complaisances patriotiques.

C'est « à Douay, chez Derbaix, Imprimeur-Libraire, rue des Ecoles, au Missel », que paraissait en 1761 les *Annales belgiques ou des Pays-Bas, contenant les principaux événemens de notre Histoire depuis la mort de Charles le Téméraire, dernier Duc de Bourgogne, jusques à la paix d'Aix-la-Chapelle en 1668*, par Me Antoine-François-Jos. Dumées, Avocat au Parlement. La préface de l'avocat de Douai constatait d'abord que « la Belgique, qui pendant trois cents ans a été le théâtre de tant de guerres sanglantes, ne répond qu'imparfaitement à la Gaule Belgique telle que les Romains la fixèrent dans la division générale des

Gaules... On donne aujourd'hui le nom de *Belgique* à une partie de l'ancienne Belgique et à la seconde Germanie : elle comprend les dix-sept provinces des Pays-Bas... Ce pays n'est pas fort étendu : aussi dit-on qu'un empereur turc s'étant fait montrer dans la carte le petit État qui soutenait la guerre contre un puissant monarque tel que Philippe II, dit : que si c'étoit son affaire, il enverroit un bon nombre de pionniers, et feroit jeter ce petit coin de terre dans la mer... Mais cet Empereur ne sçavoit pas que ce petit État renfermoit un peuple nombreux, courageux, industrieux et riche par son commerce... La Grèce, qui défendit sa liberté contre la puissance formidable de Xercès, n'avoit gueres plus d'étendue, sans être aussi fertile. Ces deux évenemens, conservés dans l'histoire ancienne et moderne, mériteront toujours l'attention de la postérité par certains traits d'uniformité. »

Ces souvenirs antiques resteront associés et comparés à ceux de notre révolution du XVIe siècle : Chateaubriand dans son *Essai sur les révolutions*, Schiller, historien, vingt autres, vont établir le parallèle. Ce parallèle est d'autant plus naturel à nos compatriotes que leur érudition latine est considérable. Foppens († 1761), professeur de théologie à Louvain, avait, continuant Valère André, donné une *Bibliotheca Belgica* (1739). Un demi-siècle plus tard, Benjamin Constant distinguera parmi les principaux caractères des Belges, un penchant à l'érudition.

L'Académie royale fondée en 1772 avait aussi, par les mémoires scientifiques couronnés, collaboré à l'emploi du nom national : en 1779, par exemple, elle récompensait un prédécesseur de Maeterlinck : Zegers, *Sur les meilleurs moyens d'élever les abeilles dans la Belgique*.

Erudits, grammairiens, pédagogues, monographes et lauréats, ce sont précisément là les inventeurs et les artisans du patriotisme. Les patriotes français de 1792 sont des jeunes gens qui ont lu Lhomond. Ceux de Belgique ont au moins lu Dumées. Du moins, le 25 août 1787, dans l'important collège ecclésiastique d'Ath, le recteur de la classe de seconde, en l'*aula* du « gymnase », remettait en prix à un lauréat, écolier venu d'Anvers, un exemplaire des *Annales Belgiques*, dû à la munificence et libéralité des magistrats d'Ath. Cette distribution des prix, dans son modeste cadre, fait songer à celles qui, à Bruxelles, mettent dans les mains de nos premiers rhétoriciens l'*Histoire de Belgique* de M. Pirenne. L'histoire nationale entretient dans la pensée de la jeunesse les souvenirs auxquels les « humanités » ont servi de marraines.

VI.

CONCLUSION.

Le mot français *belgique* est désormais emporté par un mouvement de révolution et de guerres assez puissant pour en faire un nom propre dans les discours et même une nation sur la carte de l'Europe.

Chez nous, des journaux paraissent, dont l'un s'appelle *L'Ami des Belges*; un autre, *Belgis*, d'un vieux latinisme flamand qui désigna parfois notre pays, — ou un autre encore, *Le Courrier Belgique.*

En France, Fabre d'Eglantine, conventionnel, ancien lauréat des Jeux Floraux de Toulouse, demande que les Français du Nord aillent sans culottes, parce qu'ainsi allaient les habitants de la Gaule Belgique. Le nom de *la Belgique* est prononcé par les politiciens de France; et dès 1792, le citoyen Publicola Chaussard est chargé d'aller révolutionner *la Belgique*. Il écrit des *Mémoires historiques et politiques sur la révolution de Belgique* (1793).

De Jemmapes à Waterloo, c'est chez nous que se démêlera le conflit de la France néo-romaine et de l'Europe royaliste; et notre pays retrouve son nom romain, la Belgique, dans les documents de l'époque révolutionnaire.

En janvier 1797, le général Clarke reçoit des instructions « pour la paix qu'il était autorisé à signer, moyennant que l'empereur renoncerait à la Belgique et au pays de Luxembourg; qu'il reconnaîtrait à la République la cession de Liége et autres petites enclaves qui avaient été faites par les princes ». Peu après, Bonaparte et le comte de Cobenzl discutent à Campo-Formio le sort de « *la Belgique* et de la Lombardie, les deux provinces les plus peuplées, les plus riches du monde; la Belgique qui a une double valeur pour les Français, puisqu'elle leur assujettit la Hollande et les met en possession de bloquer l'Angleterre depuis la Baltique jusqu'au détroit de Gibraltar ».

On sait ce qui en advint.

A la fin de juillet 1803, le Premier Consul Bonaparte faisait à Bruxelles une visite brillamment fêtée. Une tente immense avait été dressée au Waux-Hall pour les invités du département à la fête de la soirée. La façade de la chambre héraldique portait un vaste transparent, où le Génie de la Gloire tenait deux banderoles : sur l'une on lisait *France*, sur l'autre *Belgique*, avec le vers :

On ne désunit pas ce que la gloire assemble.

Des écrivains militaires parleront plus tard des campagnes de la Belgique à partir de 1809 (Walcheren). Des dictionnaires françois-latins imprimés à Lyon en 1805 portent encore *Belges* comme nom de peuple et *belgique* adjectif. Mais l'ancien adjectif de *Gaule* est déjà reçu comme nom propre dans les titres d'ouvrages. A Saint-Hubert, les pèlerins ne chantent sans doute plus « la grande Belgie » que Mohy faisait rimer, deux siècles plus tôt, aux « propos de vie » du saint d'Aquitaine. Mais la petite bourgade du département de Sambre-et-Meuse a un sous-préfet, Dewez, qui publie une volumineuse *Histoire de Belgique* (1805).

Déchu, relégué à l'île d'Elbe, Napoléon, interviewé par un Anglais, reproche à Louis XVIII d'avoir cédé la Belgique. Si Louis XVIII avait eu cette faiblesse, ce n'était pas faute d'avertissement : un noble gantois l'avait supplié, dans une brochure, de réunir *la Belgique* à la France ; et l'année avait vu s'installer chez nous un « gouvernement de la Belgique » aux mains des « commissaires généraux des Hautes Puissances alliées ». Du 1er mars au 31 mai 1814, paraissent à Bruxelles, chez Weissenbruch, cinquante-quatre numéros du *Journal Officiel du Gouvernement de la Belgique*, « dont la distribution se fera chaque jour ». En 1816, quand un huissier bruxellois requiert contre Byron qui n'a pas payé sa voiture, il invoque encore une décision du « gouvernement de la Belgique » de 1814 : et l'on sait que Bruxelles est appelé capitale de la Belgique dans le IIIe chant de *Childe Harold*.

Mais l'année décisive est 1815, où Louis XVIII se réfugie dans « la Belgique hospitalière », et où Waterloo marque le changement de front de l'univers.

Le 14 juin 1815, jour anniversaire de Marengo et de Friedland, Napoléon, aux environs de Charleroi, parle, dans sa proclamation aux soldats, de six millions de Belges que la victoire ramènera aux Français : n'était-ce là qu'une vaine hyperbole, ou comprenait-il parmi nos nationaux les Hollandais? L'issue du combat, quatre jours plus tard, ne lui permit pas de préciser sa pensée dans les traités et sur la carte. A Sainte-Hélène. il entretient O'Meara des Belges qui, à l'en croire, auraient regretté son règne! Il compare la Belgique à une grande ville manufacturière ; d'après, lui l'Angleterre, au lieu de réunir la Belgique à la Hollande, aurait mieux fait de l'ériger en royaume indépendant avec un prince anglais.

C'est qu'à Longwood on ne recevait pas les publications poétiques de Bruxelles : Le Mayeur, dans son *Ode sur la bataille de Waterloo*, célébrait précisément le courage de nos guerriers contre les Français du 18 juin 1815, et il ajoutait aux héros nationaux, aux adversaires de César, à Godefroid de Bouillon, à Tilly, les

> Vaillans enfans de la Belgique,
> Rebecque, Duchâtel, Brias,
> Vous à qui Nassau communique
> Tout le feu qu'il porte aux combats.

L'auteur des *Mémoires d'outre-tombe* s'est représenté sortant de Gand par la porte de Bruxelles, le 18 juin 1815 : il allait au-devant des nouvelles en emportant, dit-il, les *Commentaires* de César : Chateaubriand, véridique ou non, est là dans une attitude exactement symbolique. Le langage géographique, lui aussi, attendait les nouvelles de la moderne bataille de Cannes ; et il tenait en réserve les souvenirs césariens pour les appliquer à un territoire plus ou moins officiel, plus ou moins rétréci : la nationalité précaire avait des frontières flottantes comme les souvenirs.

Les journaux imprimés en 1815 dans nos villes du Sud étaient déjà marqués d'un timbre *belge, ad usum Belgii*; et ils avaient une rubrique *Belgique* parmi les autres noms de nations.

Le printemps de 1815 vit naître une feuille nouvelle; aux premiers jours d'avril, on put lire dans divers papiers la réclame suivante du *Journal général des Pays-Bas unis* : « Le grand événement qui élève *la Belgique* au rang de nation et lui assure une patrie, a suggéré à MM. Weissenbruch et Lesbroussart l'idée de ce journal, consacré spécialement... à développer la brillante expectative qui se déroule à nos yeux, et à être l'historien de tout ce qui peut intéresser la gloire nationale. » Le journal promettait non seulement « les nouvelles les plus récentes des différents pays, surtout de ceux avec lesquels la Belgique a des rapports directs », mais encore des « recherches historiques et philologiques sur l'état de nos provinces ». La place faite à l'histoire et à la philologie dans ce quotidien était parfaitement justifiée par « le but de contribuer à bien pénétrer nos concitoyens de la nécessité d'un esprit national », et par « l'idée, si douce à notre orgueil, que le nom de *Belge* rappelait jadis, et peut rappeler encore celle d'une des races les plus loyales, les plus braves, les plus industrieuses qui habitent le sol européen ».

On entend là comme un prélude aux prochaines *Brabançonnes*; toutes ces idées deviennent plus sonores, se précisent et se réalisent à mesure qu'on approche de 1830. Le nouveau royaume se constitue avec le concours de la France romantique et libérale : il n'hésite pas un instant sur son nom et ses armes : il reprend le *Lion Belgique* qu'avaient porté les fonctionnaires de Guillaume. Au nouveau royaume seul s'appliquera désormais l'expression *la Belgique* qui apparaît au XVIIe siècle dans la traduction française d'un latiniste moderne, et qui venait, dans le français du XVIe siècle, de l'ellipse de *Gaule*.

La philologie et l'histoire ont ressuscité trois nations : la Grèce, la Belgique et l'Italie. Si « la médaille austère que trouve un laboureur sous terre révèle un empereur » (Th. Gautier), on peut dire que les pierres commémoratives des chaussées romaines et les manuscrits des bibliothèques belgiques ont révélé une nation. Et Charles Rogier, en 1880, sera historiographe judicieux en plaçant notre nom national au premier rang de nos reconquêtes, dans le poème français qui commence :

> Après des siècles d'esclavage,
> *Le Belge* sortant du tombeau
> *A reconquis* par son courage
> *Son nom*, ses droits et son drapeau.

www.ingramcontent.com/pod-product-compliance
Ingram Content Group UK Ltd.
Pitfield, Milton Keynes, MK11 3LW, UK
UKHW021205230726
13926UKWH00001B/321

9 782013 673358